BEI GRIN MACHT SICH I
WISSEN BEZAHLT

- Wir veröffentlichen Ihre Hausarbeit,
  Bachelor- und Masterarbeit

- Ihr eigenes eBook und Buch -
  weltweit in allen wichtigen Shops

- Verdienen Sie an jedem Verkauf

Jetzt bei www.GRIN.com hochladen
und kostenlos publizieren

Mark-Oliver Würtz

SAP R/3-System: Erfolgsfaktoren, Einsatzerfahrungen, Zukunftsperspektiven

GRIN Verlag

Bibliografische Information der Deutschen Nationalbibliothek:

Die Deutsche Bibliothek verzeichnet diese Publikation in der Deutschen National-bibliografie; detaillierte bibliografische Daten sind im Internet über http://dnb.d-nb.de/ abrufbar.

Dieses Werk sowie alle darin enthaltenen einzelnen Beiträge und Abbildungen sind urheberrechtlich geschützt. Jede Verwertung, die nicht ausdrücklich vom Urheberrechtsschutz zugelassen ist, bedarf der vorherigen Zustimmung des Verla-ges. Das gilt insbesondere für Vervielfältigungen, Bearbeitungen, Übersetzungen, Mikroverfilmungen, Auswertungen durch Datenbanken und für die Einspeicherung und Verarbeitung in elektronische Systeme. Alle Rechte, auch die des auszugsweisen Nachdrucks, der fotomechanischen Wiedergabe (einschließlich Mikrokopie) sowie der Auswertung durch Datenbanken oder ähnliche Einrichtungen, vorbehalten.

Impressum:

Copyright © 1999 GRIN Verlag, Open Publishing GmbH
Druck und Bindung: Books on Demand GmbH, Norderstedt Germany
ISBN: 978-3-638-72316-9

Dieses Buch bei GRIN:

http://www.grin.com/de/e-book/12452/sap-r-3-system-erfolgsfaktoren-einsatzerfah-rungen-zukunftsperspektiven

GRIN - Your knowledge has value

Der GRIN Verlag publiziert seit 1998 wissenschaftliche Arbeiten von Studenten, Hochschullehrern und anderen Akademikern als eBook und gedrucktes Buch. Die Verlagswebsite www.grin.com ist die ideale Plattform zur Veröffentlichung von Hausarbeiten, Abschlussarbeiten, wissenschaftlichen Aufsätzen, Dissertationen und Fachbüchern.

Besuchen Sie uns im Internet:

http://www.grin.com/

http://www.facebook.com/grincom

http://www.twitter.com/grin_com

SAP R/3-System: Erfolgsfaktoren, Einsatzerfahrungen, Zukunftsperspektiven

Hausarbeit

Hochschule Bremen
Fachbereich Wirtschaft

Studiengang Betriebswirtschaft

Wirtschaftsinformatik (6. Sem.)
WS 1998/1999

vorgelegt von: Mark-Oliver Würtz

                  7. Semester

Stuhr, den 14.01.1999

Inhaltsverzeichnis

1. Einleitung

Der immer stärkere Wettbewerbsdruck erfordert von Unternehmen eine flexiblere und durchgängigere Gestaltung ihrer Geschäftsprozesse. Ohne Unterstützung von einem EDV-System ist es heute kaum möglich. Das integrierte R/3-Softwarepaket von SAP AG wird heute weltweit als neue Softwarebasis für die Abwicklung von Geschäftsprozessen installiert.

R/3 ist das Produkt der dritten Generation von SAP, das inzwischen den Weltmarkt für betriebliche Standartsoftware dominiert. "R" symbolisiert für die „Realtime"-Datenverarbeitung und bedeutet, daß die Informationen vom Computer unmittelbar nach der Eingabe verarbeitet werden und sofort unternehmensweit zur Verfügung stehen. Das gewährt den schnellen Informationsaustausch und einen nach Bedarf orientierten Informationszugriff. Die integrierte Lösung erlaubt eine Einheitlichkeit und Durchgängigkeit aller verwalteten Daten, wodurch die Geschäftsprozesse unternehmensweit einheitlich abgebildet werden können.[1]

Im weiteren möchte ich die Erfolgsfaktoren des R/3-System beschreiben, die den Aufstieg der Software zum Marktführer bewirkten, einige Praxiserfahrungen bei der Einführung der R/3 darstellen, die sowohl positive Eigenschaften als auch Schwachstellen der Software enthalten, sowie Zukunftsperspektiven mit dem Trend in der Weiterentwicklung von R/3 skizzieren.

2. Erfolgsfaktoren des R/3-Systems

2.1. Client / Server - Architektur

Im Gegensatz zum Vorgängerprodukt R/2 benötigt das R/3-System keine zentralen Großrechner mehr. R/3 wurde für eine neue Klasse kleinerer Spezialrechner (Server), Arbeitsplatzcomputer (Workstation) sowie Standard-Personalcomputer entwickelt, die sich nach dem sogenannten Client/Server-Modell die Datenlast in einem Computernetzwerk teilen.[2] Die Anpassungsfähigkeit der R/3-Software für neue Server-Modelle und Netzwerkbetriebssysteme wurde durch den modularen Aufbau für den „dreistufigen" Client-Server-Ansatz erreicht.

---

[1] Vgl. O.V., Informatik-Neuorientierung bei Wella, in : SAP Info (Das Magazin der SAP-Gruppe), Nr. 53, März 1997, S.63.

[2] Vgl. Meissner, Gerd, SAP - die heimliche Software-Macht, Hamburg 1997, S. 62.

Dieses Konzept spiegelt sich in drei teilweise oder ganz von einander getrennten Ebenen wider:[3]

- Stufe 1 bildet der Datenbank-Server. Auf diesem Server werden die betriebswirtschaftlichen Daten wie Kunden, Aufträge, Lieferanten oder Materialien in mehreren tausend Tabellen gespeichert, die mit dem R/3 geliefert werden und untereinander je nach Bedarf verbunden werden. So wird der gesamte R/3-Datenverkehr geregelt.

- Stufe 2 stellt der sogenannte Applikations-Server dar, der den Kern des R/3-Systems birgt. Hier sind betriebswirtschaftliche Basisprozesse einprogrammiert, etwa Buchungen. Darauf setzen die Anwendungsmodule auf, die für typische Unternehmensabläufe programmiert wurden.

- Stufe 3 stellen die Präsentations-Server dar, die den Dialog zum Benutzer herstellt. Hierbei werden meist leistungsstarke Arbeitsplatz-PCs mit grafischer Windows-Oberfläche eingesetzt.

Im Gegensatz zu Großrechneranlagen, bei denen sich alle drei Ebenen auf dem Großrechner (Mainframe) befinden, besitzt die Client/Server-Architektur eine wesentlich höhere Datensicherheit. Bei Ausfall eines Rechners wird nicht sofort das komplette System lahmgelegt, wie das der Fall bei Großrechnern wäre, sondern stehen weitere Rechner als Ausweichsystem zur Verfügung. Zur Gewährung maximaler Datensicherheit können zwei Datenbank-Server eingesetzt werden, einer als Datenbank-Server, der zweite als Stand-by-Datenbank-Server.[4]

Die höhere Datensicherheit bei Client/Server-Architektur ist ein wichtiger Grund, warum auch Großunternehmen und Konzerne sich auf R/3 gestützt haben. Die großrechner-basierte Informationsmaschinerie ist für Unternehmen im globalen Wettbewerb ungeeignet geworden.[5]

2.2. Software-Qualität

Die Qualität von Software läßt sich anhand von Kriterien wie Benutzerfreundlichkeit, Störanfälligkeit, Funktionalität und Flexibilität beurteilen.

---

[3] Vgl. ebd., S.74f.

[4] Vgl. Wenzel, Paul, Betriebswirtschaftliche Anwendungen des integrierten Systems SAP R/3, 2. verarbeitete und erweiterte Auflage, Braunschweig/Wiesbaden 1996, S. 12.

[5] Vgl. Meissner, Gerd, SAP - die heimliche Software-Macht, Hamburg 1997, S. 62.

2.2.1. Benutzerfreundlichkeit

Die benutzerfreundliche Gestaltung ist eine wichtige Forderung aus dem Bereich der Softwareergonomie. Da die Einführung neuer Software oft mit erheblichen psychologischen Belastungen der betroffenen Mitarbeiter verbunden ist, achten die Anwender bei der Auswahl einer Software heutzutage verstärkt auf die Handhabung und Verständlichkeit der Benutzungsoberfläche.[6]

Die „Äußerlichkeit" des R/3-Anwendung trug erheblich zum R/3-Erfolg bei. Während andere Konkurrenzprodukte und auch R/2 noch die textorientierten Bildschirmmasken hatten, war R/3 1992 die erste Standardsoftware mit einer zeitgemäßen Benutzeroberfläche.[7]

Die Bedienoberfläche (Bildschirmaufbau, Bedienregeln wie Tastenbelegung und Mausaktionen) entspricht weitgehend der von Windows. Den Benutzern werden auf ihren Arbeitsplatz-PCs eine optisch gefällige Bedienoberfläche präsentiert, wo R/3 sich bequem per Mausklick bedienen läßt. Die Unternehmensdaten werden grafisch und in Farbe vorbereitet. Durch diese farbige Gestaltung läßt sich erkennen, welche Felder für die Aufnahme von Daten bereit sind. Macht der Benutzer eine falsche Eingabe, so kommt sofort eine Fehlermeldung. Als weitere Verbesserung bietet R/3 ab 3.0-Version eine Unterstützung der Bildschirmarbeit durch eingängige Symbole (Icons).[8]

Ein weiteres wichtiges Argument zur ergonomischen Benutzung des R/3 ist, daß an fast jeder Stelle des R/3-Systems einheitliche Regeln für die Bedienoberfläche gelten. So wird z.B. ein Abteilungswechsel eines Mitarbeiters keine erneute Einarbeitung in eine andere Benutzeroberfläche zur Folge haben.[9]

Kritik an der Bedienung der grafischen Oberfläche kommt vom Mittelstandsmarkt. „Zwar wurde die Bedienung des Systems durch die grafische Oberfläche vereinfacht, doch sind die Masken auch heute noch weitgehend für Großunternehmen mit einer vielfältigen und arbeitsteiligen Organisation konzipiert."[10]

---

[6] Vgl. Gronau, Norbert, Management von Produktion und Logistik mit SAP R/3, 1996, S.16f.

[7] Vgl. Meissner, Gerd, SAP - die heimliche Software-Macht, Hamburg 1997, S.75.

[8] Vgl. SAP R/3 Finanzwesen, 1996, S.14.

[9] Vgl. ebd.

[10] Taugt SAP R/3 auch für den Mittelstand?; in: Computerwoche, Nr.34, vom 22.08.97.

Eine Bewertung des R/3 von CSC-Ploenzke AG auf dem 6. Internationalen EDM-Kongreß war kritisch hinsichtlich der Ergonomie des Produktdaten-Management-Bereichs. Demnach spiegelt sich die Komplexität des Systems in der Gestaltung des grafischen Engeneering-Startmenü wider, so daß selbst geübte Anwender gelegentlich die gewünschte Funktion in mehreren Submenüs suchen müßten.[11] Das kann zu Akzeptanzproblemen führen, falls die Eingabemasken der alten Software benutzerfreundlicher als die der neuen eingeführten R/3 sind. Diese Kritik kam z.B. bei der Einführung R/3 bei Heinrich Schmid GmbH & Co. Im alten DV-System mußten die Mitarbeiter beispielsweise bei der Erfassung von Rechnungen oder Bankbelegen nur eine einzige Maske aufrufen, während jetzt im R/3 zwei oder drei Masken mit ständigem Wechseln hin und her zwischen unterschiedlichen Formularen (z.b. zwischen Sach- und Privatkonto) notwendig sind.

2.2.2. Funktionalität

Von betriebswirtschaftlicher Standardsoftware erwarten Anwender vor allem einen angemessenen Funktionsumfang, der anstatt einer Softwarelandschaft möglichst von einem einheitlichen System gedeckt werden soll. So sind Leistungsumfang und Funktionalität die wichtigsten Kriterien für die Entscheidung bei der Anschaffung betriebswirtschaftlicher Standardsoftware.[12]

Der bekannte Vorteil des SAP-Produkts liegt in der Funktionsvielfalt. SAPs Schwergewicht R/3 weist die meisten Funktionen unter den Konkurrenzprodukten auf. Das Gesamtsystem ist nach dem Modularisierungsprinzip entwickelt und besteht aus wie Bausteinen zusammengesetzten Modulen. Die R/3-Module können sowohl einzeln als auch in beliebiger Kombination eingesetzt werden. Sie verfügen über sämtliche betriebswirtschaftlichen Standardfunktionen, die in einer top-down Struktur unterteilt werden, bis sie einen betriebswirtschaftlich nicht weiter sinnvoll unterteilbaren Vorgang darstellen.[13]

Das R/3 „ deckt alle Anwendungen im Rechnungswesen ab, unterstützt die Abläufe entlang der logischen Kette vom Vertrieb über die Produktionsplanung und -steuerung bis zur Materialwirtschaft und begleitet mit durchgängigen Lösungen die

---

[11] Vgl. Ploenzke bewertet die Industriequalitäten von R/3, in: Computerwoche, NR.17, vom 25.04.97.

[12] Vgl. Marktforscher analysieren SAPs Mittelstandsgeschäft, in: Computerwoche, Nr.40, vom 3.10.97, S.9.

[13] Vgl. SAP R/3 Online Dokumentation.

Planung, Verwaltung und Abwicklung personalwirtschaftlicher Aufgaben"[14]. Das Finanzwesen profitiert von den Funktionen anderer Anwendungsbereiche wie Vertrieb oder Einkauf, von denen es seinen Buchungsstoff bezieht.

Da es um die betriebswirtschaftlichen Standardfunktionen geht, weist R/3 noch in einigen Gebieten Schwachstellen auf, wenn es sich um einige Branchenlösungen handelt. So sehen sich z.B. Handelsunternehmen mit Außendienstmitarbeitern enttäuscht, weil R/3 eine Provisionsabrechnung nicht kennt.[15] Auch in anderen Branchen besteht noch ein Nachholbedarf von branchenspezifischen Funktionalitäten, die mit weiteren Release sukzessiv ausgeräumt werden soll.

2.2.3. Flexibilität

Die Flexibilität der Software zeigt sich in der Portabilität und der Adaptionsfähigkeit. Der Einsatz von R/3 macht den Anwender von systemtechnischen Entscheidungen weitgehend unabhängig. Das System läuft auf fast sämtlichen relevanten Hard-, Datenbank- und Betriebssystem- Plattformen.

Hardwareplattformen für das R/3-Programm selbst und die Datenspeicherung existieren von Firmen wie Digital Equipment, Hewlett-Packard, IBM oder Siemens-Nixdorf. SAP liefert keine eigenen Datenbankprogramme. Der R/3-Kunde kann hier auch zwischen verschiedenen Anbietern wählen. R/3 läßt sich mit Datenbanken beispielsweise der Software AG, Informix, Oracle, Microsoft oder IBM einsetzen.[16]

Als Betriebssysteme für die Rechner, auf denen das R/3-Programm läuft und die Datenspeicherung erfolgt, werden am häufigsten die unterschiedlichen Unix-Betriebssysteme oder in letzter Zeit (seit 1994) vermehrt auch Windows NT eingesetzt. Unix, das offene Betriebssystem für leistungsstarke Netzwerkcomputer, läßt sich plattformübergreifend auf Rechnern verschiedener Hardwarehersteller einsetzen und bringt deshalb seine Benutzer nicht in Abhängigkeit von einzelnen Herstellern.[17] Bei der Anpassung zum Netzwerkbetriebssystem Windows NT von Microsoft spielten noch weitere Gründe eine entscheidende Rolle. Erstens spielt Windows NT inzwischen eine Hauptrolle in der betrieblichen Datenverarbeitung. Zweitens hält Microsoft mit dem PC- Programmpaket MS Office einen Marktanteil

---

[14] SAP R/3 mit umfassender Funktionalität auf Erfolgskurs, in: SAP Info, Nr.42, März 1994, S.5.

[15] Warenwirtschaft: Es gibt Alternativen zu SAPs R/3, in: Computerwoche, Nr.6, vom 7.02.97.

[16] Vgl. Hefner, S., u.a., SAP R/3 - Finanzwesen: Grundlagen, Anwendungen, Fallbeispiele, Haar bei München, 1996, S.16.

[17] Vgl. Meissner, Gerd, SAP - die heimliche Software-Macht, Hamburg 1997, S.70.

von mehr als 80 Prozent bei sogenannten Office-Paketen, in denen etwa Text-Software, Tabellenkalkulation, E-Mail- und Präsentationsprogramme gebündelt sind. Und drittens war Microsoft auf einen neuen Zukunftsmarkt „Internet" eingeschwenkt.[18]

Dank dieser Offenheit gegenüber Hardwaresystemen und Anwendungen anderer Hersteller können die früher angeschafften Hard- und Software, die technisch noch nicht veraltet sind, teilweise weiterlaufen.

2.3. Integration

Integration erspart Schnittstellenprogramme und eine Doppelerfassung von Daten. R/3-System hat einen hohen Integrationsgrad, einer der größten Vorteile des R/3-Systems aber ist zugleich eine der typischen Ursachen der kostentreibenden Schwierigkeiten bei Einführung der Software.[19]

Ein wesentlicher Vorteil des R/3-Systems gegenüber einer Softwarelandschaft ist eine einmalige Datenspeicherung. Während mehrere Softwaresysteme unterschiedlicher Hersteller zusätzliche Mehrfachspeicherung verursachen, wodurch unabgestimmte und nicht aktuelle Datenbestände sowie darauf aufbauend fehlerhafte Auswertungen folgen können, wird im R/3 dieses Risiko vermieden.[20]

Die Gestaltung und Optimierung der Geschäftsprozesse als Grundlage zur Erhaltung der Wettbewerbsfähigkeit ist für viele Unternehmen eine zentrale Aufgabe, deren Lösung der Einsatz von integrierten Informationssystemen unterstützten soll. Daher ist Prozeßorientierung eine wesentliche Anforderung an Standartsoftware. Integration im R/3-System ist prozeßorientiert, d.h. ausgerichtet auf einer effektiven und effizienten Gestaltung der Geschäftsprozesse. Sämtliche Geschäftsprozesse - vom Vertrieb über das Finanzwesen und das Controlling bis hin zur Produktion - werden in zweckmäßigen Funktionsketten integriert. Eine automatisierte Steuerung und Bearbeitung bis hin zu Kontrolle von anwendungsübergreifenden Arbeitsabläufen, die nur auf Umwegen lösbar wären,

---

[18] Vgl. ebd., S. 250f.

[19] Vgl. Meissner, Gerd, SAP - die heimliche Software-Macht, Hamburg 1997, S. 202.

[20] Vgl. SAP R/3 Finanzwesen, 1996, S.15.

wird durch den Einsatz SAP Business Workflow Techniken ermöglicht, indem die Arbeitsvorgänge in systematisch verknüpften Prozeßketten weitergeleitet werden.[21]

Beispielsweise kann das System so eingerichtet werden, daß bei der Eingabe eines Auftragseingangs automatisch die R/3 Kreditlinienprüfung erfolgt. Die eingegebenen Informationen gehen parallel an das Cash Management weiter, so daß der absehbare Zahlungseingang bei der Liquiditätsplanung berücksichtigt wird. Nachdem der Vorgang die Produktion und die Auslieferung durchlaufen hat, gehen die Daten in die Buchhaltung zur Fakturierung. Mit dem Zahlungseingang werden die Daten wieder an das Cash Management im R/3-System weitergeleitet.[22]

Kritik müssen sich die Anwender gefallen lassen. Laut Analysten der Londoner Ovum Lfd. implementieren die meisten Anwender nur ausgewählte Module des Systems und verspielen damit die Vorteile des ganzheitlichen Enterprise-Resource-Planing-Konzeptes. Die Systemauswahl werde meist von speziellen Abteilungen getroffen, die sich dabei einseitig an ihren besonderen Funktionswünschen orientieren.[23]

Die vielschichtige Wechselbeziehung der SAP-Module erschwert jedoch zugleich die Einführung der Software. „Tausende von Software-Schaltern müssen fehlerfrei eingestellt werden, was ein umfassendes Verständnis der betriebswirtschaftlichen Prozesse voraussetzt; Parameter etwa, die im Modul SD (Vertrieb) gesetzt werden, beeinflussen andere Zweige des Systems, beispielsweise im Modul CO (Controlling)."[24] Laut CSC Ploenzke (Beratungsunternehmen), sollten sich potentielle Anwender des Systems bewußt sein, daß die hohe Integration der Module in R/3 einen Mehraufwand bei der Systemanpassung und tendenziell Einschränkungen der Flexibilität mit sich bringt.[25]

2.4. Internationalität

Im Interesse einer globalen Vermarktung von Software ist multinationale Einsetzbarkeit der Standardsoftware heute ein kritischer Erfolgsfaktor. Das R/3-System ist eine internationale Software. Länderspezifische Bedienmenüs sorgen

---

[21] Vgl. Business Engineer bietet enormes Wertschöpfungspotential, in: SAP Info, Nr.53, vom März 1997; Zur Infrastruktur einer geschäftsprozeßorientierten Kommunikation, in: SAP Info Thema 10/96.

[22] Vgl. SAP R/3 - mit umfassender Funktionalität auf Erfolgskurs, in: SAP Info, Nr.42, März 1994, S.5.

[23] Vgl. Ovum deckt Schwächen von Standardsoftware auf, in: Computerwoche, Nr.43 vom 24.10.97.

[24] Meissner, Gerd, SAP - die heimliche Software-Macht, Hamburg 1997, S. 202.

[25] Vgl. Ploenzke bewertet die Industriequalitäten von R/3, in: Computerwoche, NR.17, vom 25.04.97.

dafür, daß die Software weltweit eingesetzt werden kann, wobei nicht nur unterschiedliche Sprachversionen bereitliegen, sondern auch funktionale Anpassung an landesspezifische Besonderheiten erfolgt.[26]

Die wichtigsten Punkte der Internationalisierung von R/3 sind:[27]

- unterschiedliche Sprachen und landesspezifische Datumsformate,

- Unterstützung verschiedener Kontenpläne in einem Mandanten (Konzern),

- länderspezifische Verfahren zur Lohn- und Gehaltsabrechnung,

- Berücksichtigung nationaler Steuerabwicklung und des gesetzlich geforderten Berichtswesens im Rechnungswesen,

- steuerliche Besonderheiten für die Rechnungsprüfung sowie nationale Rechtsvorschriften, z.B. für Gefahrengut in der Logistik.

Mit dem R/3-System können international tätige Unternehmen und multinationale Konzerne die betrieblichen Abläufe der Gesellschaften aus unterschiedlichen Ländern auch auf einem gemeinsamen Rechner durchführen. Standardisierte Software-Schnittstellen erlauben den Online-Datenverkehr zwischen verschiedenen R/3-Anwendern rund um den Globus. Hier dient die Standardsoftware aus Deutschland als informationstechnischer Schrittmacher im Globalisierungsprozeß.[28]

Durch R/3 erhielt das SAP-Auslandsgeschäft seinen entscheidenden Schub, zuerst ab Anfang 1993 in den USA. Auf die Standardsoftware R/3 verläßt sich der in San Francisko ansässige Energiekonzern Pazifik Gas and Elektrik (PC&E), Coca-Cola, Sportschuhproduzent Reebok, Elektronikhersteller Motorola, der Chemieriese Eastman-Kodak sowie fast die gesamte High-Tech-Avantgarde der amerikanischen Industrie: Chip-Riese Intel, Computerhersteller Apple, Software-Gigant Microsoft.[29]

---

[26] Vgl. Meissner, Gerd, SAP - die heimliche Software-Macht, Hamburg 1997, S. 62f.
[27] Wenzel, Paul, Betriebswirtschaftliche Anwendungen des integrierten Systems SAP R/3, 2. verarbeitete und erweiterte Auflage, Braunschweig/Wiesbaden 1996, S. 8.
[28] Vgl. Meissner, Gerd, SAP - die heimliche Software-Macht, Hamburg 1997, S. 63.
[29] Vgl. ebd., S. 97f.

2.5. Branchenneutralität

Die Branchenneutralität der Software zeigt sich an der Liste der Referenzkunden, die aus unterschiedlichsten Bereichen stammen. Zu den R/3-Kunden gehören Unternehmen aus Branchen wie z.B. Versorgungswirtschaft, Maschinen- und Fahrzeugbau, chemische Industrie, Informationstechnik, Banken und Versicherungen, Krankenhäuser, Handelsunternehmen usw.[30]

Jede Anwendungskomponente des R/3-Systems verfügt über Funktionen, die Unternehmen für ihre betriebswirtschaftlichen Prozesse nutzen können und die sie über Systemeinstellungen unternehmensspezifisch anpassen können. Die Anpassung der unternehmensneutralen Funktionalität des R/3-Systems an spezifische Anforderungen erfolgt mit Hilfe von dialoggesteuerten Customizingfunktionen, ohne die Software selbst zu modifizieren. Anpassungsbereiche sind der Umfang und die Struktur der Datenbasis, der Funktionsumfang, die Organisationsstruktur, die Steuerung von Prozeßabläufen und die Benutzerschnittstelle. Durch Customizing wird die Software mit der Abbildung unternehmensspezifischer Daten-, Funktions-, Organisations- und Prozeßmerkmale angepaßt.[31] Werden beispielsweise für das Mahnverfahren firmenspezifische Verzugstage, Mahntexte oder Berechnungen von Fälligkeitszinsen in R/3 bestimmt, so wird dieser Vorgang als Customizing bezeichnet.

Die Anpassung des R/3-Systems kann auch durch Erstellen eigener Module, den sogenannten Branchenlösungen, erfolgen. Die branchenspezifischen Lösungen werden aus dem kontinuierlichen Kundenfeedback, also gemeinsam mit Schlüsselkunden der einzelnen Industriezweige, technisch separat vom Kernsystem entwickelt.[32] Die Verbindungen zu den Branchenapplicationen werden über Schnittstellenprogramme realisiert. Auf den R/3-Hauptmodulen aufbauend bietet SAP spezielle Standardpakete für ganze Branchen oder Anwendungsgebiete an, etwa Industrie Specifik Oil (IS-Oil) für Mineralölkonzerne, IS-Banking für das Bankwesen, IS-Health für das Gesundheitswesen oder PP-PI Branchenlösung der Produktionsplanung und -steuerung für die prozeßorientierte Industrie usw. Ergänzt wird die Standardspalette durch zahllose Spezialprogramme für besondere

---

[30] Vgl. Wenzel, Paul, Betriebswirtschaftliche Anwendungen des integrierten Systems SAP R/3, 2. verarbeitete und erweiterte Auflage, Braunschweig/Wiesbaden 1996, S. 9.

[31] Vgl. SAP R/3 Online Dokumentation.

[32] Vgl. Kundenfeedback für dieR/3-Entwicklung, in: SAP Info Nr.53, März 1997.

Einsatzzwecke, z.B. für die R/3-Anbindung von Außendienstlern mittels Handy-Funktelefon.[33]

So werden z.b. Patienten des Universitätsklinikum in Berlin mit Hilfe des R/3-Moduls IS-H (Industry Specific Healthcare) versorgt, ein Programmpaket für stationäres und ambulantes Patientenmanagement, Patientenabrechnung, Krankenhaus-Controlling sowie für den Datenaustausch intern und auch mit externen Partnern, etwa anderen Krankenhäusern. Gleich nach der Aufnahme lassen sich (außer bei Erstpatienten) alle Krankendaten sofort einsehen, wodurch Doppelbehandlungen zukünftig weitgehend ausgeschlossen werden können. Mit Hilfe des integrierten Diagnosecodiersystems, bei dem der Befund über einen speziellen Code von mehreren mit demselben Patienten befaßten Ärzten abgerufen werden kann, lassen sich bis zu 50 Prozent der Arztberichte einsparen. Bereits im Behandlungszimmer werden per Computer die Kosten ermittelt und direkt zur Buchhaltung durchgereicht.[34]

Auch eigene R/3-Erweiterungen sind mittels Schnittstellen und unter dem Einsatz von ABAP/4 möglich. Jedoch muß dabei der voraussichtliche Pflegeaufwand des Programms im Auge behalten werden, denn bei Release-Wechsel kann es sehr zeitaufwendig werden, wenn man die Funktionen des selbstentwickelten Programms weiter nutzen möchte.

2.6. Zusatzleistungen

Bei Vermarktung von Softwareapplikationen haben sich zunehmend Serviceleistungen zu einem entscheidenden Wettbewerbsfaktor entwickelt. Diese erstrecken sich von Beratung bei der Systemauswahl über Installationshilfen zur Wartungsunterstützung inklusive der Erweiterung und Aktualisierung des Systems. Auch ein Outsourcing-Service gewinnt in der letzten Zeit bei Unternehmen zunehmend an Bedeutung.

2.6.1. Beratungsservice

Zu den Beratungspartnern der SAP zählen traditionell führende EDV-Unternehmen wie das Debis Systemhaus, Digital Equipment, IBM, Siemens Nixdorf

---

[33] Vgl. Meissner, Gerd, SAP - die heimliche Software-Macht, Hamburg 1997, S. 62; Wenzel, Paul, Betriebswirtschaftliche Anwendungen des integrierten Systems SAP R/3, 2. verarbeitete und erweiterte Auflage, Braunschweig/Wiesbaden 1996, S. 20.

[34] Vgl. Meissner, Gerd, SAP - die heimliche Software-Macht, Hamburg 1997, S. 196f.

Informationssysteme, Hewlett-Packard, Software AG oder VW Gedas, Wirtschaftsprüfungsgesellschaften und Beratungsunternehmen, aber auch mehr als 100 kleinere EDV-Firmen. SAP selbst beschäftigt rund 3000 Fachleute im Beratungsgeschäft, weltweit waren 1996 etwa 18000 externe SAP-Berater im Einsatz.[35]

Nach vorsichtigen Schätzungen müssen für jede für SAP-Software ausgegebene Mark noch einmal zwei bis vier Mark für Service und Beratung veranschlagt werden,[36] denn bei zahlreichen R/3-Kunden erfordert die anspruchsvolle Standardsoftware eine zuweilen radikale Reorganisation der Geschäftsprozesse, die sich nur mit Hilfe externer Berater bewerkstelligen läßt. Durch die Implementierungserfahrungen und die Unvoreingenommenheit externer Berater können in der Planungsphase durch Analysen die Schwächen im Unternehmen leichter aufgedeckt werden.

Zusätzlich wird die Einführung des Systems durch die Schulung der Mitarbeiter unterstützt. Die zielgruppenorientierte Schulung ist zum Beispiel eine SAP-Grundschulung aller Mitarbeiter, in der ganz allgemein die Oberfläche und der Aufbau des Systems erklärt wird, die Datenmodellschulung, die einen Einblick in die betriebswirtschaftlichen Abläufe der Anwendungen gibt, die Konfigurationsschulung für die Mitarbeiter, die für die betriebswirtschaftlichen Konfiguration der Anwendungen die Verantwortung tragen.[37]

Bisher hat SAP rund 30 Prozent der Anteile am Beratungs- und Servicegeschäft, möchte jedoch zukünftig nicht nur Produktlieferant sein, sondern auch ihre Anteile auf diesem Sektor deutlich ausbauen. Ein Stützpunkt von SAP ist dabei die Einführungsmethode Accelerated SAP (ASAP), die ab dem zweiten Quartal 1998 weltweit zur Verfügung stehen soll. Die Implementierungszeit konnte durch eine strenge Vorgehensweise, bei der allerdings eine aufwendige Modellierung der Geschäftsprozesse nicht möglich ist, auf durchschnittlich sechs bis neun Monate reduziert werden.[38]

---

[35] Vgl. Meissner, Gerd, SAP - die heimliche Software-Macht, Hamburg 1997, S.190f.

[36] Ebd.

[37] Vgl. Zielgruppenorientierte Schulungen, in: SAP Info, Nr.42, März 1994, S.45.

[38] Vgl. Mit Team SAP möchten die Walldorfer zum Lösungsanbieter mutieren, in: Computerwoche, Nr.11, vom 13.03.1998, S.14.

2.6.2. Outsourcing

Trotz Wirtschaftlichkeitsbedenken und Angst vor Abhängigkeit erwägen rund 43 Prozent der SAP-Kunden das Outsourcing ihres R/3-Systems. Als wichtige Motive für die Auslagerung der Informationsverarbeitung an einen externen Dienstleister gelten Personalknappheit und die kürzeren Einführungszyklen, ferner auch der Kostenaspekt. In Deutschland sind gegenwärtig mehr als 400 Unternehmen Kunden eines der SAP-Outsourcing-Anbieters, die das gesamte System R/3 oder entscheidende Komponenten der Anwendungen über eine externe Infrastruktur zur Verfügung stellen.[39]

Da sich die Angebote der Dienstleister aus vielen unterschiedlichen Bestandteilen zusammensetzen, liegt die Spannweite der Kosten eines R/3-Arbeitsplatzes im Outsourcing zwischen 170 und 600 Mark. Der durchschnittliche R/3-Arbeitsplatz kostet im Outsourcing, nach einer von Input organisierten Befragung der 17 größten SAP-Dienstleister, zirka 300 Mark. In den Aufwendungen sind in der Regel die Ausgaben für Updates, Server, Installation und Hotline enthalten. Weitere Dienstleistungen, die den Arbeitsplatz verteuern können, sind 24-Stunden-Monitoring oder Notfallabsicherung. [40] Beispielsweise übernahm der Hewlett-Packard bei der Gebr. Otto KG nach dem Outsourcing-Vertrag folgende Aufgaben: Systemüberwachung und -Konfiguration, alle relevanten Sicherungsmaßnahmen und Datenbankanpassungen sowie Fehlererhebung und Reporting. Nicht vorgesehen im Vertrag ist etwa Release-Wechsel sowie Systemerweiterung.[41]

Die meisten Outsourcing-Verträge werden für eine Dauer von drei bis vier Jahren unterzeichnet. Da die Software sich funktional und technologisch schnell verändern, würden längere Vertragslaufzeiten schwierige Nachverhandlungen zur Folge haben.

---

[39] Vgl. Outsourcing: Mehr als nur eine Sparmaßnahme, in: Computerwoche, Nr. 9/98, S.9f; Anwender liebäugeln mit R/3-Outsourcing, in: Computerwoche, Nr.11, vom 13.03.98.

[40] Ebd.

[41] Vgl. IT-Outsourcing: Wenn „Hey Joe" nach wie vor Feuerwehr spielt, in Computerwoche, Nr.2/1998, S.9

3. Einsatzerfahrungen

3.1. Positive

3.1.1. Langnese-Iglo[42]

Langnese-Iglo GmbH war der erste Anwender weltweit, der das R/3-Release 3.0 installiert hat. Nach einer Big-Bang-Implementierung von nur zwölf Monaten, eine für ein Unternehmen dieser Größenordnung Rekord-Laufzeit, wurde das R/3-System erfolgreich zum Neujahr 1997 in Betrieb genommen.

Die Langnese-Iglo GmbH ist deutscher Marktführer für Eiskrem und Tiefkühlkost und eine Gesellschaft der Unilever-Gruppe mit 5000 Mitarbeitern und zwei Milliarden Mark Umsatz. Rund 2000 Fertigwarenartikel werden in drei Produktionsstandorten produziert und über 50 Verkaufsniederlassungen an etwa 150000 Kunden weiter geliefert.

Zur Unterstützung von Verwaltung, Produktion und Logistik diente bis 1997 eine heterogene Mainframe-zentrierte Informationstechnik mit einer Vielzahl von Betriebssystemen und Datenbanken. Die genauso vielfältigen Anwendungen waren zumeist Eigenentwicklungen in verschiedenen Programmiersprachen. Ergänzt wurde diese Softwarelandschaft durch R/2 von SAP im Finanz- und Rechnungswesen. Solche hochkomplexe IT-Struktur mit unterschiedlichen Datenständen und sehr vielen Schnittstellen war schwer zu handhaben. Das System wies mangelnde Flexibilität, nicht zufriedenstellende Unterstützung der Geschäftsprozesse sowie die Unsicherheit bei der mittel- bis langfristigen Planung und Budgetierung auf.

Viele dieser Probleme lassen sich durch eine Client/Server-Architektur auf der Basis offener Computersysteme und durch betriebswirtschaftliche Standardsoftwarepakete lösen. Da das Unternehmen als R/2-Anwender mit der Software von SAP vertraut war und im Unilever-Konzern R/3 als strategische Software gilt, kam es zu der Überzeugung, daß R/3 seinen Anforderungen gerecht werden würde. Zudem hatte SAP versprochen, in späterem Release eine Reihe von Features nachzuliefern.

---

[42] Vgl. Credé, Hans-Dieter, R/3-Einführung: Operation am offenen Herzen, in: Computerwoche, Nr.28, vom 11.07.97, S.69f.

Aufgrund zu hoher Kosten, die der Mainframe und die zugehörige Betriebssoftware verursachten, und eines enormen Engagement aller Beteiligen, die durch Zeitverzögerung zurückgehen könnte, wurde die Projektlaufzeit auf nur zwölf Monate festgelegt. Diese Bedienung ließ einerseits die Fremdberatungshonorare gering zu halten, was positiv war. Andererseits erschwerte zugleich das Vorhaben wegen enormen Zeitdruck, so daß einige Prozesse nicht optimal umgesetzt wurden.

Bei der Hardwareplattform entschied sich Langnese-Iglo für Hewlett-Packard. Zunächst wurden die zentrale Produktionsplanung und der Zentraleinkauf auf die neue Plattform unter R/3 portiert. Durch die Umstellung der Fakturierung auf SD-Modul (Vertrieb) und die Migration der vorhandenen R/2-Applicationen, wurden die proprietären Systeme für Produktionsplanung, Materiallogistik, Fertigungsaufträge und Fertigungs-Controlling abgelöst. Bei den Testmigrationen von R/2 auf R/3 benötigte Langnese-Iglo zwischen 60 und 98 Stunden, die Produktivmigration selbst einschließlich Datensicherung und Abstimmungen dauerte 94 Stunden. Zwischen Weihnachten 1996 und Neujahr 1997 wurde die Gesamtintegration, die schwierigste Projektphase, erfolgreich durchgeführt.

Die Gesamtinvestitionen für das Projekt lagen bei 13 Millionen Mark, wovon rund fünf Millionen auf Sach- und acht Millionen auf Personalkosten entfielen. Demgegenüber stehen voraussichtliche Einsparungen allein im IT-Bereich in Höhe von 25 Prozent ihrer bisherigen Kosten, die folgenden Ursachen haben:

- Effizienzverbesserungen und Kostensenkungen bei Hard- und Software sowie Personal,
- Reduzierung der Komplexität der IT-Struktur,
- Wegfall von mehreren hundert Schnittstellen,
- Verbesserung der Support- und Maintenance-Struktur,
- höhere Flexibilität und die Möglichkeit, dem jeweiligen Bedarf entsprechend skalierbar zu investieren oder zu de-investieren.

Neben diesen finanziellen Vorteilen zählt man die Möglichkeiten für weitere Entwicklungen, so die Realisierung eines optischen Archivs mit schnellen Zugriffen auf Geschäftsvorfälle, intelligente Disaster- und Recovery-Lösungen sowie die bessere Adaption von Geschäftsprozessen und die Zukunftssicherheit.

Bei der Einführung des R/3-Systems hatten die Mitarbeiter der Langnese-Iglo GmbH nicht nur positive Erfahrungen, sondern stießen auf eine Reihe von unerfreulichen Überraschungen. Im Rahmen des Projektes nutzte Langnese-Iglo die Gelegenheit, seine Prozesse und Abläufe orientierend am von R/3 vorgegebenen Standard zu überarbeiten. Das gelang jedoch leider nicht überall. So entdeckte das Projektteam eine mangelnde oder überhaupt nicht vorhandene Funktionalität in den Modulen Produktionsplanung (PP) und Material-Management (MM). Die Schwächen der PP-Applikation ließen sich bei der Darstellung von Kapatitätsbelegungs-Tableaus erkennen. Im Umfeld Schichtplanung erforderte R/3 erhebliche Ergänzungen. Die Serienplanung mit retrograder Materialverrechnung und die Abrechnung von Fertigungsaufträgen sind noch nicht voll ausgereift. MM hingegen mangelte es an Funktionen für den Materialdurchfluß in den Fabriken: Chargenverfolgung, Stellplatzverwaltung/ Lagertypen, Performance von Standardaktionen, Materialverteilung, Lohnverteilung, mehrstufige Abweichungsanalyse, Materialsperrungen, retrograde Materialverrechnung, Chargenfindung, Chargen-Handling und Inventurdifferenzen sowie Schichtplanung und Wareneingangs-Sperrfristen.

Da aufgrund dieser mangelnden Funktionalität und zu kurzer Projektlaufzeit einige Prozesse nicht optimal umgesetzt wurden, wird hier im Zuge künftiger Release-Wechsel nachgearbeitet. SAP hat für das Release 4.0 Verbesserungen hinsichtlich der Funktionalität in Aussicht gestellt. Dabei handelt es sich vor allem um die Funktionen der Module Sales and Distribution (SD) und Production Planning (PP). Für SD sind Verbesserungen des Workflow angekündigt. Produktionsplanung soll stärker an die Bedürfnisse der Prozeßindustrie angepaßt werden.

3.1.2. Mega[43]

Bei der Einkaufsgenossenschaft Mega in Hamburg dauerte die R/3-Einführung ein halbes Jahr bis zum Echtbetrieb. Das nach ISO 9002 zertifizierte Handelsunternehmen konnte sich auf gut dokumentierte Geschäftsprozesse stützen, was eine zügige Installation der neuen Standardsoftware ermöglichte.

Das expandierende mittelständische Handelsunternehmen mit 25000 verschiedenen Produkten für Maler, Tapezierer sowie Boden- und Parkettleger hatte in verschiedenen Standorten die einzelnen Abhollager, Niederlassungen und Filialen unter der Zentralverwaltung in Hamburg. Der Datentransfer zwischen den einzelnen Standorten war oft schwer. Als DV-Lösung hatte Mega ein auf dem Großrechner installiertes Standardsystem „Autras" von ICL, das den eigenen Geschäftsprozessen angepaßt und erweitert wurde, um den für eine Expansion erforderlichen Funktionen nachgehen zu können.

---

[43] Vgl. Die Mega-Vorgabe: R/3 in einem halben Jahr einführen, in: Computerwoche, Nr.40/97, S.57f.

Daraus resultierten jedoch Probleme: Die Anbindung neu hinzukommender Niederlassungen dauerte oft ein halbes Jahr und länger, bis die erforderlichen Funktionalitäten hinzuprogrammiert wurden. Das Risiko der vollkommenen Abhängigkeit von zwei ICL-Mitarbeitern, bei denen das gesamte Wissen um die gewachsene DV-Lösung lag, war zu groß, denn immer weniger in Cobol in VTP[44] programmierende Entwickler sind am Markt zu finden.

Hinzu wurde Anfang 1996 noch die Hacotex Gruppe mit fünf Niederlassungen erworben, deren Individualsoftwarebereich im Outsourcing angesiedelt war. Der Einsatz von zwei unterschiedlichen Rechensystemen bei Mega und Hacotex hatte einen ständigen Datenabgleich zur Folge, außerdem war das Altsystem von Mega nicht mehr leistungsfähig, wenn es um die sich marktbedingt ändernden Prozesse in Ein- und Verkauf wie Konditionsarten, Vertriebsabläufe etc. ging. So wurde die Notwendigkeit eines neuen Systems sehr aktuell.

Die künftige Lösung sollte durchgängig, integriert und Client/Server-fähig sein und, was am wichtigsten war, bis zum 2. Januar 1997 in Echtbetrieb gehen. In Betracht kamen Baan, Navision und SAP, wobei man sich recht schnell zugunsten von SAP entschied. Diese Wahl kam aus folgender Überlegung: Durch entscheidende Einflußnahme von Handelsunternehmen wie Metro und Tengelmann auf die Weiterentwicklung der handelsspezifischen Funktionalitäten in R/3 könnte Mega als mittelständisch strukturiertes Handelsunternehmen ebenfalls profitieren.

Mitte Juni konnte der Projektstart erfolgen. Die meisten Geschäftsprozesse des nach ISO 9002 zertifizierten Handelsunternehmens waren gut dokumentiert und konnten vom Projektteam für die zügige Abwicklung des R/3-Projektes genutzt werden. Eine gute Infrastruktur und das Wissen der Fachabteilungsleiter um mögliche Verbesserungen erlaubten den direkten Projekteinstieg ohne Einsatzuntersuchungen und Checklisten. Die Hardware hatte man einen Monat vor Echtstart komplett installiert, um das Auftreten von Hardwareproblemen auszuschließen.

Um eine möglichst breite Akzeptanz zu erreichen, wurde die Mitarbeiterschulung zum zentralen Thema erklärt. Grundsätzlich erhielten alle Mitarbeiter eine SAP-Grundschulung, in der ganz allgemein die Oberfläche und der Aufbau des Systems erklärt wurden. Bei einem Gesamtschulungsaufwand von 2800 Tagen erhielt jeder

---

[44] Transaktionsmonitor

Mitarbeiter im Schnitt sieben Tage Fortbildung. Die Ausbildung zog sich über vier Monate hin bis kurz vor dem Echtstart.

Ende Dezember mußten sämtliche Daten in R/3 übertragen werden. Da das R/3-Projekt die Datenübernahme weit vor dem Echtstart verlangt, mußten die aktuellen Datenbestände permanent abgeglichen werden. Problematisch war dabei, daß der Materialstamm in R/3 zwölf Masken aufwies, zu denen das System nicht verfügbare Daten verlangte. Der Materialstamm ließ sich nur über einen Direkt-Input in R/3 einspielen: 70 Dateien mußten portioniert online transferiert werden.

Ein größeres Problem war die Übernahme der Hacotex-Daten. Wegen langjähriges Outsourcing war keinerlei DV-Wissen vorhanden. Außerdem klassifizierte Hacotex Artikel nach anderen Kriterien, als R/3 das forderte. Zum Beispiel waren Teppichböden trotz unterschiedlichen Farbvariationen und Breite als nur ein Artikel angelegt und in der Auftragserfassung wurden Farbe und Breite separat aufgenommen, ohne daß sich das in der fünfstelligen Artikelnummer widerspiegelte. So mußte der Artikelstamm erst aus verschiedenen Artikelnummern differenziert angelegt werden und die möglichen Doubletten abgeglichen werden.

Das Altsystem konnte während des Projekts schrittweise abgebaut werden und stand noch weitere drei Monate nach der R/3-Echtbetriebsaufnahme als Informationssystem zum Nachschlagen zur Verfügung. Das Geschäftsjahr 1996 wurde noch auf dem Altsystem abfakturiert. Anfangs gab es noch einige Probleme, die jedoch durch das Mega-Team im First-Level-Support selbständig gelöst werden konnten.

Die Kosten für das Projekt beliefen sich auf etwa sechs Millionen Mark, darin sind Hard- und Software-Ausgaben, die Kosten für den Aufbau des Notrechenzentrums, für Schulung, Verkabelung etc. enthalten. Unter dem Sachverhalt, daß die gesamte Infrastruktur umgestellt werden mußte und inzwischen 350 Mitarbeiter mit R/3 arbeiten, lagen die Kosten nach der eigenen Bewertung des Unternehmen im Rahmen der Erwartungen.

3.2. Negative

Neben den gut gelaufenen R/3-Einführungen gibt es auch negative Erfahrungen, wobei nicht nur die Schwachstellen vom R/3-System aufgedeckt wurden, sondern die ganzen Einführungsprojekte scheiterten. Eine davon ist der Einführungsversuch von R/3-Modul PP/PI (Produktionsplanung für die Prozeßindustrie) in der Abteilung Chemische Zwischenprodukte (CZ) der BASF AG aus Ludwigshafen.

Die 1200 Mitarbeiter in den 18 verschiedenen Betrieben stellen Halbfertigchemikalien her, die zu zwei Fünftel im BASF-Konzern weiterverarbeitet und zu 60 Prozent an externe Kunden veräußert werden. Da die langfristige Strategie des Gesamtkonzerns auf den Einsatz der R/3-Software abzielt, wollte BASF-Bereich CZ seine sämtlichen Alt-Anwendungen durch R/3 ersetzen. Um die Dispositionsmöglichkeit zu verbessern und die Lagerbestände zu verringern, mußte das PP/PI-Modul, das mit Unterstützung von namhaften Chemiebetrieben wie Wacker, Henkel und Hoechst speziell für die Prozeßindustrie entwickelt wurde, die Bestandsführung des CZ abdecken.[45]

Ein Pilotprojekt wurde gestartet, jedoch nach neun Monaten abgebrochen. Die Gründe dafür waren: PP/PI in seiner derzeitiger Form ist noch nicht in der Lage, alle Anforderungen der Prozeßfertigung zu decken, außerdem dauert die Einführung des R/3-Moduls länger als erwartet. Als Alternative kamen Protean-Komponente Inventory Management, Planing, Quick Scheduler, Process Definition und Resource Accounting von Marcam Corp. in Frage, die bis Mitte 2000 in allen 18 Fertigungsstätten eingeführt werden sollen.[46]

Auch bei Henkel KGaA arbeiten bereits zwei seiner Chemiebetriebe mit Protean, obwohl der Henkel-Konzern ein guter SAP-Kunde in anderen Anwendungsbereichen ist. Der Grund: Das PP/PI-Modul verfügt bislang nicht über alle für die chemische Industrie notwendigen Funktionen, beispielsweise sei es noch nicht möglich die Materialplanungs-Algorithmen gleichzeitig für die Kostenrechnung zu nutzen. Derzeit sind Henkel-Mitabeiter bei der Weiterentwicklung des PP/PI-Moduls der SAP behilflich, so daß das Prozeßfertiger-Modul um die fehlende Funktionalität Ende 1998 ergänzt sein soll. Eine Ablösung des Protean-Systems bei Henkel ist jedoch wegen der nachhaltigen Belegschaftsbeeinflussung und Amortisation von Einführungskosten noch nicht geplant.[47]

Daß die beiden Firmen sich im Logistikbereich von der SAP-Software wieder getrennt haben, und Marcam-Software eingeführt haben, macht offensichtlich, daß die Logistikmodule PP und MM in der Lebensmittel- und Chemiebranche als eher unflexibel gelten.[48]

---

[45] Vgl. R/3 allein bringt BASF nicht weiter, in: Computerwoche, Nr.33, vom 15.08.97, S.2f.
[46] Ebd.
[47] Ebd.
[48] Vgl. Homeyer, Jürgen, in: Wirtschaftswoche, Nr.7, vom 5.2.1998, S.48.

In Bahlsen Keksfabrik KG in Hannover endete die Einführung des R/3-System mit einem Mißerfolg. Nachdem die englische Vertriebsgesellschaft von Bahlsen drei Tage lang keine Aufträge entgegennehmen konnte, wurde die Einführung abgebrochen. Die Fehlinvestition belief sich auf 700000 Mark.[49]

3. Zukunftsperspektiven

3.1. Modularisierung

SAP AG wandelt von einem Ein-Produkt- zu einem Mehr-Produkt-Unternehmen. Im Rahmen des Scope-Projektes (Supply Chain Optimisation, Planning and Execution) konzentrieren sich die Waldorfer auf der Modularisierung des Standardpaketes R/3 in unabhängige Softwarekomponente, die zum einen mit R/3 integriert sind, zum anderen auch als separat installierte Stand-alone-Produkte laufen und separat vermarktet werden sollen. Mit der Entflechtung des R/3-Pakets können die kürzere Implementierungszeiten sowie bessere Wartbarkeit der R/3-Software erreicht werden. Die Möglichkeit Dinosaurier in flexibel austauschbare Bausteine zu zerschlagen, habe man mit sogenannten Business Application Programming Interfaces (BAPIs) und dem Application-Link-Enabling-Verfahren[50] geschaffen.[51]

BAPIs sind Programmschnittstellen von SAP zwischen der R/3-Software und den betriebswirtschaftlichen Anwendungen der Drittanbieter, so daß Anbieter beispielsweise wie Peaplesoft sich über die BAPIs mit eigener Personalwirtschaftslösung an R/3 anhängen könnten. Dadurch bekommen die Anwender die Möglichkeit, auch bei Standardpaketen immer die jeweils beste Einzellösung einsetzen zu können.[52]

Die Anwender kämpfen mit aufwendigem Release-Wechsel und hohen Wartungskosten, die durch Entkopplung des R/3-Pakets erheblich reduziert werden müssen. Denn bei fälligen Release-Wechseln müßten sie nicht mehr das komplette R/3-System austauschen, sondern Einzelpakete, die sie auch in jeweils unterschiedlichen Versionen einsetzen könnten.[53]

---

[49] Vgl. Böndel, Burkhard, Wie Lemminge, in: Wirtschaftswoche, Nr.12, vom 16.3.1995, S.108.

[50] SAP eigene Technologie zur Integration lose gekoppelter Anwendungen mit R/3.

[51] Vgl. SAP nimmt Abschied von der Monokultur, in: Computerwoche Nr.13, vom 27.03.97, S.1; Mit BAPIs Dinosaurier zerschlagen, in: Computerwoche Nr.13, vom 28.03.97.

[52] Vgl. ebd.

[53] Vgl. Anwender müssen weiter auf R/3-Module warten, in: Computerwoche, Nr.25, vom 20.07.97.

Mit dem neuen R/3-Release 4.0, das im Sommer 1998 allgemein zur Verfügung stehen wird, soll die Komponente Personal-Management als eigenständiges System erhältlich sein. Die vollständige Entflechtung ist jedoch noch in weiter Ferne, denn sie ist sehr zeitaufwendig. Allein beim Herauslösen der Komponente Personal-Management aus der Gesamtanwendung sind 54 Schnittstellen identifiziert und realisiert worden. In nächsten Schritten zur Modularisierung sollten Finanzwesen (FI) und Logistik (LO) als weitere Hauptkomponenten entwickelt werden, für die die Zahl der notwendigen Schnittstellen auf über 1000 geschätzt wird.[54]

3.2. Branchenlösungen, neue Module und Tools

Mit R/3 im Kerngeschäft möchte SAP die Entwicklung branchenspezifischer Lösungen stärker vorantreiben. Mit Release 4.0 ist eine für Handelsunternehmen branchenspezifische Lösung R/3-Retail angekündigt: Mehr als 200 zusätzliche handelsspezifische Geschäftsprozesse sollen Handelsunternehmen bei der Akquisition, Planung und Warenverfolgung entlang der gesamten Wertschöpfungskette unterstützen. Auch für die erforderliche Flexibilität scheint gesorgt: einzelne Module lassen sich bei Bedarf aktivieren, Parameter neu definieren, Tabellen flexibel einstellen. Die Unternehmen könnten dann also rascher auf Veränderungen des Marktes reagieren und sich in verschiedene Richtungen weiterentwickeln. Ferner kommen mit Release 4.0 Funktionen für die Sortimentsplanung, die Preis-, Aktions- und Vertriebsverwaltung hinzu.[55]

Nach rund drei Jahren hat SAP sein erstes eigenes Paket für die Kundenbetreuung entwickelt. Die neue R/3-Komponente IS-U/CCS (Industry Solution-Utilities/Customer Care and Service) ist ein Kundeninformations- und -abrechnungssystem für die Versorgungsindustrie, das die Funktionen für die Marketing- und Vertriebsunterstützung, die Verbrauchsdatenerfassung sowie Einzel- und Massendatenabrechnung zur Verfügung stellt. CCS soll allgemein im dritten Quartal 1998 verfügbar sein, allerdings müssen die Energieversorgungsunternehmen, um CCS-Modul einsetzen zu können, R/3 Version 4.0b als Basissystem haben.[56]

---

[54] Vgl. ebd.

[55] Vgl. Die Mega-Vorgabe: R/3 in einem halben Jahr einführen, in: Computerwoche, Nr.40/97, S.59.

[56] Vgl. SAP liefert Front-Office-Lösung für EVUs, in: Computerwoche Nr.48, vom 28.11.97, S.17; Kagermann: SAP bleibt dem integrierten Ansatz treu, in: Computerwoche Nr.50, vom 12.12.97, S.18.

Speziell für die Baustoffindustrie wurde die Schnittstelle „R/3 Balance" angekündigt. Mit der Komponente soll die Verknüpfung zwischen R/3 und externen Waagesystemen gewährleistet sein, so daß sich Material-, Kunden-, Auftrags- und Spediteursdaten aus R/3 an die verschiedenen Waagestandorte versenden lassen und bei der lokalen Wiegung der LKW mit einbeziehen.[57]

Neben den Branchenlösungen will SAP auch im Lieferantketten-Management (Supply Chain Management = SCM) ein in Version 4.0 integriertes R/3-Modul „Advanced Planner and Optimizer" (APO) am Markt einführen. APO ermöglicht es den Anwendern, ihre Lieferketten beginnend von den Zulieferern über die eigene Produktion bis hin zu den Kunden zu planen und zu steuern.[58]

Bei der Planung und Simulation der Lieferketten müssen in vielen Fällen große Datenmengen wie Auftragsdaten, Termine, Stücklisten verarbeitet werden, außerdem sollten die Planungsergebnisse dem Anwender schnell verfügbar sein, um die Lieferengpässe zu vermeiden. Für die arbeitsspeicherresidente Verarbeitung verwendet SAP speziell entwickelte „Life-Cache"-Technik, um die Verarbeitungszeit zu reduzieren. „Life Cache" hält große Teile der Anwendung und der zu bearbeitenden Daten im Arbeitsspeicher, so daß Datenbank- und Festplattenzugriffe sowie die rechnerinterne Buskommunikation entfällt. Allerdings käme es hier laut Fachleuten auch nicht ohne Datenbankzugriffe, wenn die Lieferketten über mehrere Lieferantenstufen und Absatzkanäle geplant werden. In diesem Fall kann die Datenmenge in den Terrabyte-Bereich steigen, so daß die Arbeitsspeicher sehr schnell zu klein werden. Generell wird APO-Modul Ende 1998 verfügbar sein.[59]

Eine weitere Scope-Komponente ist das „Business Information Warehouse", das Unternehmen helfen soll, alle im Betrieb verfügbaren Daten zu sichern und zu analysieren. Beispielsweise kann ein Automobilhersteller mit BIW detailliert das Kaufverhalten seiner Kunden untersuchen. Das Produkt soll im ersten Quartal 1998 auf den Markt kommen.[60]

Als weitere Neuerungen sind eine Reihe von Werkzeugen angekündigt, die bei der R/3-Einführung helfen sollen. Mit dem „Quicksizer"-Tool können Kunden errechnen, welche Hardware sie für R/3 brauchen. „Value Print"-Tool hilft den R/3-Anwendern,

---

[57] Vgl. SRS liefert R/3 für Versorgungsunternehmen, in: Computerwoche Nr.14, vom 4.04.97.

[58] Vgl. SAP integriert eigenes Supply-Chain-Modul in R/3, in: Computerwoche Nr.37, vom 12.09.97, S.14; SAP schließt Lücken im Front-Office-Bereich, in: Computerwoche, Nr.12/1998.

[59] Vgl. SAP schließt Lücken im Front-Office-Bereich, in: Computerwoche, Nr.12/1998.

[60] Vgl. Homeyer, Jürgen, in: Wirtschaftswoche Nr.7, vom 5.02.1998, S.48.

einen Überblick über die Chancen, die eine SAP-Einführung bietet, zu erhalten. Eine Finanzanalyse ihrer R/3-Investition können Benutzer „Tangibles Worksheet"-Tools durchführen, um voraussichtliche Kosten und Nutzen abzuwägen.[61]

3.3. Mittelstand

Obwohl SAP das R/3-System ursprünglich als Mittelstandsvariante von R/2 geplant hatte, setzen sich die bisherigen SAP-Kunden überwiegend aus Großunternehmen und aus Tochterfirmen von Konzernen zusammen. Nach der Definition des Instituts für Mittelstandsforschung in Bonn zählen Unternehmen zum Mittelstand, solange die Zahl der Beschäftigten unter 500 und der Umsatz unter 100 Millionen Mark pro Jahr liegt. Sie zeichnen sich tendenziell aus durch geringere Arbeitsteilung, hohes Kostenbewußtsein, kleine Budgets, schnellere Entscheidungsfindung sowie geringere Komplexität als Großunternehmen.[62]

Datenverarbeitung wird bei kleineren und mittleren Firmen weniger strategisch gesehen, sondern als Dienstleistung und Service. Für Projekte, die sich nicht unmittelbar mit den Kunden oder Produkten beschäftigen, steht wenig Zeit und Geld zur Verfügung. So werden Mittelständler die Einführungskosten für R/3, die erfahrungsgemäß mit rund 30000 bis 80000 Mark pro Benutzer zu veranschlagen sind, in der Regel nicht akzeptieren. Um Kosten reduzieren zu können, müssen entweder SAP-Berater, die derzeit kaum unter 1800 Mark pro Tag zu bekommen sind, ihre Tagessätze senken, oder die Beratungszeiten gekürzt werden.[63] Mit vorkonfigurierten Systemen, die vor der Auslieferung angepaßt werden und dadurch

den Aufwand für die Berateraufgaben wie Installation und Konfiguration verringern lassen, will SAP jetzt stärker die kleineren und mittleren Unternehmen beliefern.[64]

Die Bemühungen um kürzere Einführungszeiten werden mit dem „Ready to Run R/3"- Paket angestrebt. Derzeit bietet SAP auf Basis von Ready to Run vordefinierte branchenspezifische Festpreispakete inklusive Schulungen für Systemverwalter, Live-Cheks vor Systemstart sowie Remote-Upgrade-Services an. Die Pakete sind für Dienstleistungsunternehmen, Produktions- und Fertigungsunternehmen

---

[61] Vgl. Neue Tools sollen R/3-Anwendern Investitionsklarheit verschaffen, in: Computerwoche, Nr.14/98, S.19; Mit Team SAP möchte die Walldorfer zum Lösungsanbieter mutieren, in: Computerwoche Nr.11, vom 13.03.98, S.14.

[62] Vgl. Taugt SAP R/3 auch für den Mittelstand?, in: Computerwoche Nr.34, vom 22.08.97, S.14.

[63] Vgl. ebd.

[64] Vgl. SAP organisiert sich neu, in: Computerwoche Nr.41, vom 10.10.97.

vorgesehen und sollen binnen 50 bzw. 125 bzw. 200 Manntagen eingeführt werden. In alle drei Pakete kann zusätzlich das Modul Personalplanung und -abrechnung (HR) mit rund 30 Manntagen installiert werden.[65]

4. Zusammenfassung

Auch 1997 blieb SAP AG weiter klarer Marktführer in Bereich PPS-Systeme mit einem Marktanteil[66] von 61 Prozent. SAP hat eine international starke Präsenz, wobei Deutschland als der zweitgrößte Markt der SAP hinter den USA gilt. Mit dem Umsatz von 6,0 Mrd. Mark ist ein Wachstum im Geschäftsjahr 1997 von +62 Prozent zu verzeichnen, wovon rund 3,87 Mrd. Mark (mit +63 Prozent) die Standartsoftware R/3 erbrachte. Mittlerweile ist R/3 laut Kagermann (SAP) mehr als 13000 mal weltweit installiert worden.[67]

Den Erfolg der R/3-Software begründen solche entscheidende Faktoren wie Client/Server-Orientierung, offenes System, grafische Benutzeroberfläche (GUI), umfangreiche Funktionalität, integrierte Lösung mit dem Einsatz von Workflow-Technologie sowie multinationale Einsetzbarkeit und Eignung für alle Branchen.

R/3 ist ein mächtiges Management-Instrument, das den Unternehmen ihre Geschäftsprozesse und Produktionsabläufe blitzschnell bis in kleinste Details planen, simulieren, steuern, kontrollieren und auswerten läßt. Die meisten R/3-Kunden wollen mit Geschäftsprozeßoptimierung ihre Wettbewerbsvorteile nutzen. Durch Prozeßmonitoring und Automatisierung von Abläufen mit Hilfe des SAP

Business Workflow können Unternehmen ihre Geschäftsprozesse flexibel gestalten und aktiv steuern.

Am meisten wird Kritik an der hohen Komplexität und der mangelnden Flexibilität des Systems geäußert, die sich durch den hohen Integrationsgrad der R/3 ergeben. Eine Änderung der einmal eingestellten Geschäftsprozesse ist wegen des schweren Überblickes auf die Wechselwirkungen zwischen den Tabellen kaum möglich.[68]

---

[65] Vgl. ebd.

[66] gemessen an der Summe der Lizenzumsätze der vier führenden Anbieter: SAP, Oracle, Peaplesoft, Baan.

[67] Vgl. SAP AG sieht ihre Rolle als Branchenprimus gefestigt, in: Computerwoche Nr.14/1998, S.41f; Homeyer, Jürgen, in: Wirtschaftswoche Nr.7, vom 5.02.1998, S.48; Managermagazin von April 1998, S.116.

[68] Vgl. Wie Lemminge, in: Wirtschaftswoche, Nr.12, vom 16.3.95, S.114.

Auch die Einführung verzögert sich im wesentlichen aus diesem Grund, denn Unternehmen wollen die Geschäftsprozesse individuell gestalten und nicht bloß Standard übernehmen.

Die Kritik mag berechtigt sein, aber eine universale Standartsoftware, die eine umfangreiche Zahl von Funktionen abdecken soll, um eine Anpassung nach individuellen Anforderungen der Unternehmen zu ermöglichen und ihre Geschäftsprozesse effektiv und effizient gestalten zu lassen, muß komplex sein. Die Modularisierung des R/3-Anwendungspaketes soll aber die Komplexität der Software verringern.

Die zahlreiche Initiativen zur Senkung der Einführungszeiten und damit verbundenen Kosten sind positiv zu bewerten. Jedoch entsteht hier ein Konflikt. Die ASAP-Methode gibt die einzelnen Projektschritte streng vor, so daß die Kunden sich führen lassen können. Diese strenge Vorgehensweise läßt die Implementierungszeit sinken, sieht jedoch keine aufwendige Modellierung der Geschäftsprozesse vor. Da jede Abweichung von den vordefinierten Prozessen zusätzlichen Aufwand bedeutet, werden Kunden sich mit dem Standard zufrieden geben müssen.

Auf diese Weise wird die R/3-Einführung meiner Meinung nach mehr im Sinne eines IT-Vorhabens behandelt und läßt Unternehmen sich kaum auf die Vorstellungen über ihre Produkt- und Marktstrategien konzentrieren. Durch das Festsetzen der Geschäftsprozesse auf Standard haben diese Unternehmen meistens wenig Wettbewerbsvorteile gegenüber ihren Konkurrenten.

Literaturverzeichnis

Gronau, N.:   Management von Produktion und Logistik mit SAP R/3;
                       2. durchgearbeitete Auflage, München/Oldenbourg, 1997.

Hefner, S., u.a.:   SAP R/3 - Finanzwesen: Grundlagen, Anwendungen,
                       Fallbeispiele; Haar bei München, Buch- und Software- Verlag,
                       1996.

Meissner, G.:   SAP - die heimliche Software-Macht: wie ein
mittelständisches

                       Unternehmen den Weltmarkt eroberte; 1.Aufl., Hamburg,
                       Hoffmann und Campe, 1997.

Zeitschriften: Computerwoche;
                      Wirtschaftswoche;
                      Managermagazin;
                      SAP Info, das Magazin der SAP-Gruppe

www.ingramcontent.com/pod-product-compliance
Lightning Source LLC
La Vergne TN
LVHW042311060326
832902LV00009B/1415